# 슬픈 연가

2009@슬픈 연가

인 쇄 : 초판인쇄 2009년 5월 24일
인 쇄 : 초판발행 2009년 5월 30일
지은이: 김선호
편집인 : 윤기영
펴낸곳 : 도서출판 현대시선
등 록 : 제 387-2006-00017호
본 사 : 서울시 동대문구 장안동 381-8 삼보A동 102호
지 사 : 경기도 부천시 원미구 원미동 147-12
전 화 : 02-844-5756 팩시밀리 : 02-831-5832
이메일 : hdpoem55@hanmail.net


정 가 : 8,000원정
ISBN : 978-89-92687-19-5-03810

2009년

# 슬픈 연가

## 김 선 호

거주 경기 성남
현대시선 2007년 겨울호 시로 등단
현대시선 2007년 겨울호 시 부문
심사위원 가작상 수상

현대시선 경기남부 지회장 역임.
현대시선 시화전 1-6회 참여
현대시선 문집 다수 발표
동인지 수레바퀴2 발표
시화전 성남중앙공원 주최
영화 구제로 출연
현)현대시선 2009년 4대 사무국장

# 저자의 말

사랑하는 아내를 가슴에 묻은 아픔으로
습하고 어두운 긴 터널에서 나온 것 같은
몽롱한 정신이 사지를 내리누르는 바위처럼 무겁고
무엇도 할 수없는 산송장같이 시간만 죽이며
목숨을 버릴 용기조차 의미를 잃어갈 때
슬픔을 이겨낼 방법으로 컴퓨터 앞에 앉은 것이
오늘 여기까지 오게 되었습니다.

시를 써 본 적도 없었고 쓰려고 했던 것도 아니며
다만 괴로운 마음을 한두 줄씩 끄적일 뿐이었습니다.
그러다 차차 취미가 붙게 됐고, 혼자 있는 시간을
글 쓰는 일로 보내는 일이 많아졌습니다.

어느 날인가 우연한 기회에 타의에 의한 것처럼
등단을 하게 되었고 시인이란 이름을 달았습니다.

그래서 오늘 이 책을 하늘에 있는 아내에게 바치려 합니다. 둔탁하고 세련되지 못한 표현들이 난무하며 머릿속에 한정되게 입력된 있는 시구로 글을 쓰자니 비슷한 시구가 각기 다른 시에 반복되어 쓰였거나 어색한 표현들로 미숙함이 많을 거라 생각합니다만 어여삐 봐 주시고 시라기보다는 홀로 살아내야 했던 날들의 일기처럼 헝클어진 시간의 낙서처럼 그렇게 이해해 주시면 고맙겠습니다.

평생을 하나의 시간도 낭비하지 않고 열심히 살았던 아내에게 이 책이라도 바쳐야 마음이 편할 것 같아 준비했는데 감히 주제도 모르고 용기만 앞선 것이 아닌가 걱정입니다.

다음번에 또 기회가 주어진다면 더 많이 공부하고 준비하여 밝고 아름답고 긍정적인 가슴으로 여러분을 찾아뵙겠습니다.

지금까지처럼 변함없는 관심과 충고 아끼지 말아 주시고 항상 애정이 어린 시선으로 지켜봐 주시길 부탁합니다.

앞으로 온 힘을 다하여 열심히 살겠습니다.
감사합니다.

2009년 5월 25일

저자 김선호

# 목 차

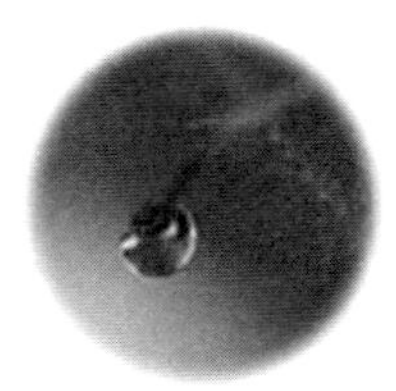

## 1부.

### *이별연습*

## 2부.

## *아내의 의자*

## 3부.

## *고장 난 신호등*

# 4부.

## *어느 시인의 노래*

# 1부.

## 이별연습

많이 아프지
힘들면 주사 놔 달라고 할까

눈물이다
피가 거꾸로 솟는 것 같은
아픔이다

무슨 말을 할까
어찌하면 좋을까

**이별연습 중에서...**

# 회 상

열일곱 살 철없는 가슴이 인생을 이해하기도 전에 누나의 분 냄새와 함께 하늘이 무너져 내렸다

나의 출생은 먹구름 속에서 뻔쩍이는 번개를 맞았고 사춘기의 얼음 박힌 가슴으로 모두를 쓸어안기에는 너무 미숙했던 영혼이 스스로 버텨 내기에도 힘에 부쳐 병들어 버린 청춘을 부여잡고 고교 삼 년을 목적을 잃어버린 인생과 죽음을 동경하는 어리석은 애증으로 엎어지고 자빠지며 살아내야 했다.

하늘은 한 번도 내 편이 아니었으며
운명은 처마 밑에 주저앉아 신들을 저주해 댔고
세상의 어떤 아름다움도 어둠의 굴레에 불과했다

다시는 아무것도 구할 게 없어진 세월을
다시는 아무것도 잃을 게 없어진 청춘을
너무 이른 나이에 운명을 알아버린 바람 든 무처럼 푸석한 가슴엔 곰팡이가 슬고 원망과 미움으로 얼룩진 시간은 죽음보다 아팠다
소리 없이 죽어가는 영혼이 구름처럼 흩어져 가고
어느 하늘 아래 어디에도 머물 곳 없어 울먹이다가
끝없이 무너져 내리는 가슴을 주체할 길 없어

세월엔 돌이킬 수 없이 무너져 버린 인생만 버티고 있는데 내 인생에 나는 없어진 남의 인생의 더부살이 신세 천 번을 생각해 봐도 나는 꼭두각시 놀음의 주인공이었는데 무슨 이유로 인연의 끈을 부여잡고 놓을 수 없었는지 가슴을 열어 하늘을 향해 진솔하게 물어보고 싶었다.

죽을 용기도 살 희망도 미련 없이 놓아버린 시간은 음지로만 숨어들어 남 앞에 나서지 못할 나를 만들었고 염세적인 사고와 부정적인 시각에 갇히게 했는데 채워지지 않는 허망한 가슴으로 숱한 시간이 죽어갔고 자신을 거부한 세월은 무덤처럼 아무 소리도 들을 수 없었다.

바람처럼 지나치다 잠시 머물러 빈 가슴 내려놓고 가는 게 인생인데 무엇이 그리 악에 받쳐 주변에 있는 모든 것들을 미워하며 살았을까
서산에 저무는 노을같이 녹 익은 나이가 되어서도 알 길이 없어 서러운 계절엔 아직도 뿌리내리지 못하고 허둥대는 씨앗들이 머물 곳 찾지 못하고 잃어버린 도시의 밤거리를 헤매는데
아직까지도 찾지 못한 삶의 이유를 밤새 고민하다 지쳐 눈물만 삼키고 있는 오늘은 무엇으로도 채워지지 않는 허망한 눈망울로 비바람 몰아치는 텅 빈 벌판에 버려진 허수아비 같은 마음이다.

# 벼락 · 1

간암
말기입니다.
.
.
앞으로 3개월……
.
.
수십억의 세포들이 소름으로 일어서고
귀속에서는 모래바람이 불었다.

동공이 흔들리며
머릿속의 하얀빛이 심장으로 내려와
혈관을 난도질하여 초침을 박아 놓고는
숨 막히는 시간을 멈추어 놓았다.

## 벼락 · 2

의사의 독한 입술에
두려움의 재갈을 물리고
불길한 예감으로
등골이 오싹해 오는 순간

인정사정없는 언어로
차가운 가슴을 들어
내뱉는 암이라는 소리가
벼락처럼 정수리에 떨어졌다

다리가 후들거리고
눈앞이 깜깜해지더니
심장을 때리는 천둥번개에
오금이 저려오는데

3개월
판사의 사형선고 같은
시한부 인생에서는
지독한 소독약 냄새가 났다.

# 응 급 실 · 1

혈관이 터져 피를 토하고
복수가 차올라
배가 남산만 하고

무서워 너무 무서워
지켜주마 던 약속
지킬 자신이 없어

절망과 희망을
끈임 없이 오르내리며
예수님 뒤꿈치에
부처님 무르팍에 목숨을 구걸하다

돌아가신 장모님
얼굴도 모르는 조상님
귀천을 떠도는 귀신들에게까지
살려 달라 매달리는 간절함

죽음을 기다릴 수밖에 없는
무능한 인간의 한계를 절감하는
어수선한 응급실 창문에는
어두운 하늘이 매달려 있었다.

# 응 급 실 · 2

저승으로 떠나는
자동차의 승차장 같은
아수라장 침대 사이로
슬픔이 떠다니고 있다

무슨 까닭인지
저승과 이승 사이에
다리 하나씩 걸치고
오도 가도 못 하는 이유가

미련 때문인가
삶과 죽음의 경계선에서
선택의 여지가 없는 인간의
마지막 사투인가

살리고 싶어
죽는 거 싫어
간절하게 매달려 보는

신이시어
신이시어.

# 처제의 바다 · 1

언니
많이 아프지
괴로워하는 언니 앞에서
어찌할 줄 몰라 안절부절못하고
눈물만 훔쳐내는 처제의 어깨 위에
태산만 한 잿빛 서러움이
가슴이 터지게 울부짖고 있었다.

언니
먼저 가서 좋은 자리 잡아놔
햇빛 잘 들고 전망 좋은 곳으로
응, 알았어.
핏기 없이 기어들어가는 목소리가
등 너머로 들려오는 공허한 대답이
꽉 물고 있는 어금니를 덜덜 떨게 한다.

언니
형부는 오며 가며 내가 챙길게
아무 걱정 하지 말고 편이가 응
표시 내지 않으려는 처제의 눈가에
이미 강물은 폭포수를 이뤘고

마주하는 내 가슴은
날카로운 칼로 도려내는 듯한 아픔이
사정없이 온 사지를 뛰어다니고 있었다.

언니
형부가 재혼해도 서운하지 않겠어
아무런 말도 하지 않았다
언니 싫어?
역시 아무런 말도 하지 않았다
원균 엄마 내가 장가가는 거 싫은가 보네
가슴에 폭풍이 불더니 눈앞이 깜깜하다
어쩔 수 없는 영원한 이별 앞에서
보낼 수밖에 없는 참담한 영혼은
숨만 할딱거리며 자지러지고 있었다.

# 처제의 바다 · 2

하얗게 가슴이 시려 오는 날
처제를 닮은 그리움 하나가
쉼 없이 바닷가를 달리고 있었다

입에선 침이 마르기 시작하고
편도가 아프도록 목이 메어오는데
바다는 쥐죽은 듯 조용하기만 하다

그릇그릇 각종 김치를 싣고 온
처제의 서글픈 눈망울이 가슴을 때리고
교차하는 진실 앞에 눈을 감으면

헤아릴 수 없이 많은 아픔이
다시 고개를 들고 아직도 마르지 않은
눈가에 거센 파도를 부르고 있다

형부
여자 친구 하나 사귀세요
귓가에 바람들이 웅성거리는 소리가 들린다

추억이 이별이 그리고 죽음이
설움에 겹게 파도처럼 부서져 오고

상처마다 배어 있는 기억의 냄새들로
아직도 숨쉬기가 이렇듯 힘겨운데...

그렇게 2006년 10월에 멈춰버린 시간은
2007년이 다 가도록 움직일 줄 모르고
외로움에 절룩거리는 형부가 딱했는지
승용차 트렁크 하나 가득 처제의 바다가
언니의 손길인 양 넘실거리고 있었다.

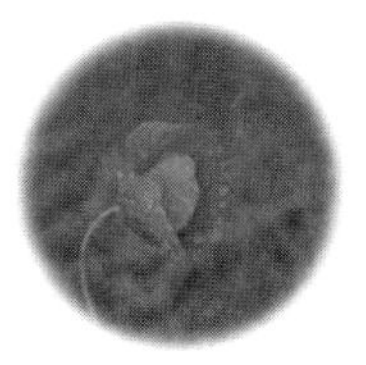

# 절망

너무 늦어서
손 쓸 방법이 없어
어쩌면 좋아
이 노릇을

용하다는
민간요법을 찾아
전국을 뒤져 봐도
뾰족한 수가 없어

녹즙을 마시고
숯을 바르고
관장을 하고
로열젤리를 먹어 볼 뿐

그저 막연하게
기적이 일어나 주길
바라는 수밖에
달리 방법이 없어
어쩌면 좋아
이 노릇을.

# 유 언 · 1

야위어 가녀린 어깨가
초점 잃은 눈동자로
애달프게 떨리며 고개를 숙이는 밤
병실은 하나 가득 뿌연 안개에 젖는다
아들은 가슴에 타오르는 불이고
딸은 마음에 흐르는 강이고
서방은 하늘에서 울다 지친 달이다
지나간 세월 마디마디
어설픈 감사와
때늦은 후회와
끝없이 목마른 아쉬움들
욕망의 다리를 지나
사랑하고 미워하며
전사처럼 살아온 날들의 독한 번뇌가
하염없이 하염없이
하얀 시트 위에 눈처럼 쌓여 간다.

# 유 언 · 2

화장해요
나중에 애들 힘들지 않게
수의하고 관은
제일 싼 걸로 하고

음식은 간단히 해요
호상이 아니니까
손님들도 이해하겠지

아파트는 팔지 말고 세 놔요
작은 빌라 하나 얻어서
아버지하고 현정이랑 살고

동생이 반찬 신경 쓸 테니까
잘 챙겨 먹고
기죽지 말고 살아요

차림새 깨끗이 하고 다니고...
차라리 세상에 오지 말 걸 그랬다
당신을 만나지 말 걸 그랬다
눈물을 배우지 말 걸 그랬다.

# 이별연습

많이 아프지
힘들면 주사 놔 달라고 할까

눈물이다
피가 거꾸로 솟는 것 같은
아픔이다

무슨 말을 할까
어찌하면 좋을까

여보
힘들고 괴로운데
어서 가
아픔이 없는 곳으로
너무 애쓰지 말고
그냥 가

인제 그만
세상을 놔 버려.

# 병실에서 · 1

시시때때 엄습하는 고통이
사지를 뛰어다니고
너무나 괴로워서 차라리 죽는 게 낫다고
물 한 모금 넘기지 않는
당신이 안쓰러워

주사도 거부하고
이러시면 안 된다는 의사의 말에
나 살릴 수 없잖아요 하던 말
독하다는 의사마저 말문이 막혀
끝내 눈물을 훔치며 돌아서던

원균아빠
나 좀 빨리 보내 줘
눈물을 보이지 않으려고
어금니를 악물고 버텨 보아도
끝내 쏟아 내고야 말았던 눈물을...

신앙의 힘도
사랑의 절규도
아무런 도움이 되지 못하던
죽음 앞에 허물어지던 여린 삶에
속수무책이던 기적의 바램도...

## 병실에서 · 2

휑한 눈망울로
게슴츠레 바라보다
꼭 잡아 주던 야윈 손

꼬집어 말하지 않아도
알 수 있는
그 시선의 의미를

가슴에 담아
기억에 들여 놓고
내가 한 말

나 사는 동안
한시도 당신 잊지 않을게
내 가슴 한구석
당신을 위해
영원히 비워 둘께

다시는 그 누구도
사랑하지 않을게.

# 장 례 식 · 1

말할 수 없는 참담함에
하늘 가득 먹구름 속에서는 천둥이 울어대고
뭐가 뭔지 모를 정신없는 시간은
살아있는 세포들을 사정없이 분열시키고 있다.

얼마의 시간이 어떻게 흘렀는지
무엇을 어찌해야 하는지
모아지지 않는 정신 아득히
두피가 벗겨진 것 같은 혼란이
정수리를 때리는데

아둔한 아쉬움은 여전히 미련을 버리지 못하고
저승 문턱에 버티고 앉아 영혼으로
통하는 길을 막아서다
마저 버리지 못하는 어리석음이 서러워
속없는 바람은 그렇게 자지러지고만 있다.

무디어진 혈관들은 통증을 느끼지도 못하고
내장은 뒤엉켜 포만감과 시장기도 구별 못 하고
잠은 쏟아지는데 정신은 맑아 오고
조절할 수 없는 육체는

주체할 수 없이 허물어지고
그냥 이대로 세상이 끝이었으면
신에게 사육당한 것 같은 더러운 기분에
하늘 향해 아낌없이 저주를 퍼부어도
이미 돌아올 수 없는 강을 건너버린
어쩔 수 없는 일이다.

가슴에 당신 하나만 묻고 살아야지
아무도 믿어주지 않을 약속을 자신에게 곱씹으며
하얀 밤을 까만 낮을 구별할 수 없게 허덕여도
이제 나는 어쩔 수 없이
사랑하는 아내를 영원히 보내야만 한다.

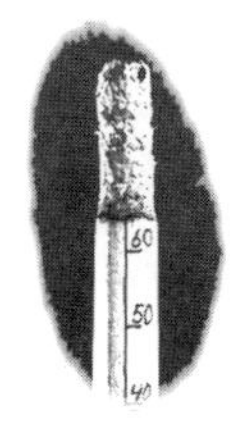

# 장 례 식 · 2

영정 앞에 무릎 꿇고 앉아 한없이
울고 있는 아들 친구놈 뒤통수에서
아내의 바다를 보았다

나를 끌어안고 소리 없이
흐느껴 우는 친구의 가슴에서
아내의 고향을 보았다

주저앉은 흙빛 하늘이
악성 바이러스에 감염된 운명이
이미 돌아올 수 없는 다리를 건너
과거 속으로 사라져 가는데

전국에서 모인 학교 친구들이
가깝고 먼 친척들이
웃으며 오고 가던 지인들이
가슴으로 애통하며 울부짖고

어찌 살았는지
그래도 인생을 제대로 살아서
오는 사람마다 가슴이 아파 목이 메고

너무 빨리 와버린 이별에 땅을 치는데
내 설움은 여전히 지칠 줄도 모르고
날카로운 시선으로 찢어
버리고 싶은 하늘을 향해
헛된 욕망으로 저주만 퍼부어 대고 있다

이럴 줄 알았더라면 하는
반복되는 어리석음을 수도 없이 되뇌어도
이죽거리는 운명 앞에서 맥없이 무너져 내리는
이 가슴을 누구 앞에서 속 시원히 열어 보일까

당신이 쓸어 가버린 마음이 너무 아파서
당신이 훑어 가버린 가슴이 너무 시려서
울어도 울어도 흘릴 눈물이 아직은 남아서
당신의 영정 앞에 엎어져 목 놓아 우는데

무너져 내리는 하늘에 죽음은 마취되고
땅은 꺼져서 내 희망을 송두리째 묻어버려도
어디로 가야 할지 몰라 발걸음은 절룩거리고
내 사랑은 어두운 그림자 뒤 한 줌
바람으로 잠들었다

이제는 그만 당신을 보내야만 하는데
그 아픔을 어찌 견뎌낼까 자신이 없어
계속해서 목덜미로 흘러내리는 당신의 흔적들이
2박3일을 쉬지 않고 가슴 안에서 울고 있을 뿐이다.

# 화장터에서 · 1

부슬부슬 비가 내린다
당신의 눈물 같은 서러운 비에
내 눈물까지 보태져
어두운 가을비가 하염없이 내리고 있다

찬송가 부르는 소리
목탁 두드리며 염불하는 소리
요단강 건너가는 소리
극락왕생하는 소리…

활활 타오르는 불꽃 속에서
그리도 원망스럽던 암 덩어리들이
비명을 지르며 타들어가고
몽롱한 정신은 시간을 지우고 있다

내가 지금 뭐하는 거지
왜 여기에서 이러고 있는 거야
빨리 집에 가야 하는데
원균 엄마가 기다릴 텐데
허기진 영혼이 길을 잃고 헤맨다.

정신은 이미 반쯤 나가 있고
군데군데 들려오는 통곡소리가
아득한 꿈결에 메아리처럼 희미하다

조그만 항아리 속에 한 줌의 재에 불과한 것을
무엇을 위하여 그리 열심이었나
이렇듯 이별은 짧고 허망한데
사랑한다는 핑계로 그토록 서로를 아프게 했나

남의 장례식에 초대받은 것 같은
들락날락 얼빠진 정신으로
당신을 보내는 화장터에서
나는 연실 마른침만 삼키고 있었다.

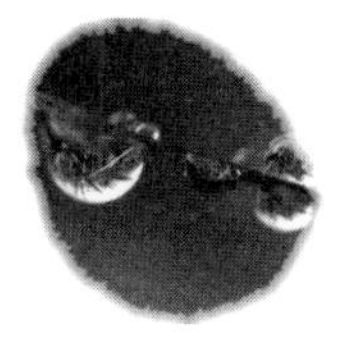

# 화장터에서 · 2

눈이 빠져나올 것처럼 머리가 아프고
속은 메스꺼워 토할 것 같은 기분이다

어지러운 동공을 스치고 지나다니는 귀신들이
무슨 뜻인지 알 수 없는 소리를 질러대고

유리벽 너머 저편 용광로 근처에는
수많은 사탄이 시커먼 보자기를 뒤집어쓰고
새내기 귀신들을 쫓아다니느라 난리법석인데

하늘에 길을 열려는 천사들은
나란히 서서 힘차게 나팔을 불어대고 있다

이미 양기는 떨어져
슬픔을 느끼기에도 힘에 부치고
감성을 다스리려는 이성도
기약 없이 무너지는데

십자가는 부러져서 땅바닥에 뒹굴고
부처님은 돌아앉아 벽을 보고 울고 있다

기도는 오를 곳을 찾지 못해 버둥거리고
이승은 이글거리는 증오의 눈빛만 가득한데
산자 둘의 가슴은 숯등걸처럼
까맣게 타들어가고
말라버린 눈물은 꺼이꺼이 소리만 요란하다

당신을 불사르고
사랑도 인연도 모두 태워버리고
겨우 남아있는 한 줌의 재만
허무하게 바라보는
내 텅 빈 가슴 하나만 남았는데...

이제는 지구상에
다시는 존재할 수 없는 당신이 불쌍하여
뼛조각 하나도 남기지 않고 가버린 당신이
딱하고 애절하여 가슴만 사무치는데

산사람은 산다 해도 살아갈 길이 막막하고
간 사람만 불쌍하다는 말에 또 한 번 상처받고
돌이킬 수 없는 현실이 끝없이 두렵기만 한데
지금은 어느 것 하나 부여잡을 힘도
놓아버릴 용기도 없는 산 송장일 뿐이다.

# 마지막 잎새

검은 똥을 싸고
늘어지는 육신

차라리
가는 것이 편할 텐데

진통제를 맞고
소멸하는 가슴

이쯤에서
세상의 끈을 놓았으면

이쯤에서
지구가 멸망했으면

나도 이쯤에서
그만 살았으면.

# 염

살았어도 죽었고 죽었어도 산 사람
석고처럼 굳은 얼굴 이렇게 고운 줄
이십팔 년 살았는데 지금에야 알았네
지고 있던 무거운 짐 모두 다 내려놓고
좋은데 가시라 좋은데 가시라고
빌고 또 비는 마음 이렇게 간절한데
하늘은 열리고 땅은 꺼지고
콧물 눈물범벅으로 아무리 애통해도
따라갈 수 없는 나는 못난 남편일 뿐
가면서도 내 걱정만 수없이 하던 사람
고단한 삶 살면서도 남편은 챙긴 사람
사랑이란 이름이면 무엇이든 좋던 사람
하늘이여 하늘이여 당신이 신이거든
가엾은 이 영혼 불쌍히 여기시어
평안하고 아름답게 하늘나라 노닐다가
나도 죽어서 그곳에 가는 날
버선발로 뛰어나와 반기게 하십시오
간절한 손 부여잡고 울게 하십시오
이승에서 못다 한 사랑마저 하게 하십시오.

# 청하공원 · 1

엉클어진 머리칼 빗지도 못하고
충혈 진 눈망울 머물 곳 몰라 서성이는
지하 3층 죽은 자들의 아파트에서
손바닥만 한 당신 있을 곳 애절하여
태풍에 찢기워져 가는 비닐하우스 같은 마음이다

한나절을 울다 지친 화장터에서
마저 태우지 못하고 안고 와버린 미련 한 조각
어찌할 줄 몰라 바지춤에 오줌 지리고
뭉그러져 가는 가슴 하나 지탱하기 힘에 겨워
몽롱한 정신으로 토할 것 같은 마음이다

구린내 나는 시간이 시들어가고
돌이킬 수 없게 기울어 버린 당신의 달을
이 작은 가슴에 곰팡이 나도록 쓸어안고
숨쉬기조차 힘겨운 단내 나는 입으로
당신 향해 엎어지는 애통한 마음이다

이제 다시는 만날 수 없는 것을
천 번을 되뇌어도 시려만 오는 마음인 것을
내 가슴으로 녹아내리는 당신의 흔적들이
감당할 수 없는 크기로 숨을 조여 와도
당신의 명복만을 간절히 빌고 또 비는데

아~
땅속으로 한없이 꺼져 들어가는
신에게 버림받은 것 같은 더러운 마음이다.

# 청하공원 · 2

죽은 자 들의 그림자가
공허한 태양을 분열시키고
세포마다 붙어 있는 삶의 흔적들이
가슴 가득 통증을 부르고 있다

산 자들의 울부짖음이
밤을 새워 술처럼 출렁이고
무너져 내리는 하늘을 겨우 하나
찢어진 심장으로 받치고 서 있는데

떠나는 자의 아쉬움이
서릿발의 아집처럼 냉기로 서려 와
울다 지친 가슴 한편에선
소름이 돋게 검은 비만 뿌려대고

남아있는 자의 고뇌가
숨이 차도록 허공에서 울어대듯
낙뢰의 괴성만 귓가에 넘치는데
아직도 무슨
슬픔을 적실 눈물 따위가 남았겠는가.

# 아 내 · 1

이제 다시는
그 이름
부를 이유 없는 이어

푸른 하늘 가
구름처럼 서성이다
흘러 가 버린

내 하나의 사랑
노을 지는 언덕 너머
별 따러 가신이여

단풍잎에 새긴 추억
멍든 가슴에
불꽃으로 타올라도

두 번 다시는
서로를 상관할 이유
상실한 이어

잃어버린 거리에서
언 가슴 부둥켜안고
밤을 태우는

이제는 기억에서만
힘없이 미소 지으며
앉아있는 이어.

# 아 내 · 2

기억을 더듬어 찾아 나선
추억이 앉았다가 일어선 자리
차가운 거리에서 헤매는
희미하게 멀어져 간 그대 그림자

부부란 이름으로 주고받던
기쁨과 슬픔
사랑과 미움
함께 했던 수많은 이야기가
시시콜콜 가슴을 적셔

마르지 않는 눈가
구멍 뚫린 가슴으로 드나드는
잊히지 않는 이름 석 자
가슴에 못이 되어
놓지 못하는 사랑이었나

사무치게 쌓이는 그리움
시간이 가도 아물지 않는 상처
아직도 그대 곁에 누워있는
초라한 내 그림자

어찌할까
눈물을 밟고 사랑을 지워도
놓아지지 않는 그대
피멍 자국 선명한 아내란 이름
그 이름을.

# 무정한 여인

어린 날의 설움
끝내 내려놓지 못하고
불덩어리 하나
가슴에 담고 산 여인

가슴이 시리어
눈물도 아픈 날에는
추억으로 동여맨 가슴
생강 밭에 묻어 두고

때도 없이 치밀어 오르는
화를 다스리지 못하여
밤잠을 뒤척이던
들꽃 같은 여인

세월로도 풀지 못한 굴레
야윈 어깨에 올려놓고
주위를 살피시다

불끈 오르는 성미
타오르는 가슴이 뜨거워
마지막 시간까지도
깨끗이 닦아 놓고 떠나간
무정한 여인.

# 걸어가자

걸어가자
너의 흔적이 머뭇거리는
뒷산 고갯마루 서낭당으로
잎보다 먼저 나온 산수유 노란 꽃
하늘 가득 머리에 이고

걸어가자
질퍽거리는 논두렁에
돋아나는 새싹 지르밟고
내 안에 담아놓은 너의 계절을
숨 막히게 부둥켜안고

걸어가자
아기 진달래 하얗게 웃는 날
발병 난 그리움 허리춤에 매달고
땀에 젖은 어머니 삼베 적삼
아내의 무덤가에 덮어주러

걸어가자
나의 하늘이 너로 인해 질식하여
식어버린 가슴이 무너져 내려도
꽃 피고 새우는 봄 여물기 전
질식한 하늘에서 벗어나기 위해.

# 2부.

## 아내의 의자

청계산 너머로 노을이 물들면
한참을 넋 놓고 앉아 바라보다가
눈가에 맺히는 이슬을 찍어내곤 했는데

앞산에 진달래가 아름답게 피어나면
당신은 여기 앉아서
하얗게 웃으며 날 부르곤 했는데

비 오는 날에는 분위기에 취해
따뜻한 차 한 잔 앞에 놓고 앉아
어린 시절을 회상하곤 했는데

**아내의 의자 중에서...**

# 하늘에 있는 아내에게 · 1

당신을 사랑했던 기억
희미해질까 두려워
다시는 그 누구도
사랑하지 않으렵니다.

당신과의 행복했던 추억
잊혀질까 무서워
다시는 그 누구와도
눈 맞추지 않으렵니다.

그런데
그런데 이제는 잊으랍니다.

다시는 부르지 못할
당신의 이름 석 자 가슴에 묻고
사랑도 추억도 모두 잊어버리고
새로운 길 가랍니다.

죽는 날까지 당신 위해
비워둘 가슴 한 가닥
그것만 남겨두고
이제는 모두 지워야만 한답니다.
그래야만 한답니다...

# 하늘에 있는 아내에게 · 2

연무로 부~연 하늘에
수명을 다해 희미해진 수은등처럼
태양은 빛을 잃고 힘겹게 걸려 있는데
세월의 이끼를 걷어내고 차분히 자리한
당신 닮은 그리움 하나 내 곁으로 옵니다

세월은 유수같이 흘러
당신과 헤어진 지 벌써 일 년이 지나갔고
이제는 어느 정도 안정도 찾아가지만
순간순간 아픔은 어제 일처럼 숨 가쁘고
눈물은 아직도 마를 줄을 모릅니다

지금 당신은
이 우주 안에 어디쯤 있을까
수도 없는 그리움은 사그라질 줄도 모르고
하루도 쉬지 않고 내 안으로 들락거리며
연실 가슴만 아프게 하고 있습니다

잊으려 해도 잊혀지지 않고
지우려 해도 지워지지 않고
입으로 고이는 침을 연실 뱉어내도

그리움처럼 얼마 지나지 않아 다시 고이고
이렇게 나는 하루하루를 살아가고 있습니다

아직도 남아있는 당신의 흔적들이
어쩔 수 없이 나를 수 없이 괴롭히고
구석구석 묻어 있는 당신의 손때가
헤어날 수 없게 나를 구속하는데
당신은 가슴에서 힘없이 웃고만 있습니다

이제는 그만 당신을 놓아야 하는데
더러는 며칠씩 생각도 나지 않아야 하는데
얼마의 시간이 더 지나야 그리될는지
오늘도 꺼지지 않는 당신의 불꽃을
넋 나간 사람처럼 바라보는 마음입니다.

# 아들아 · 1

세상을 버린 엄마를 싣고
새벽을 달리던 병원차에서
세상에 덩그러니
우리 부자만 남은 것 같아
서로 위로해 주던 아픔을

엄마가 누워있는 자리에
나란히 앉아서 슬픔을 나누고
통곡으로 엄마를 보내던
사랑을 희롱하던 새벽을
잊을 수가 없어.

어떻게 이런 일이
들락날락 얼빠진 정신으로
연거푸 마른침만 삼켜대며
주인 없는 이야기만 중얼거리던
인적 없는 새벽의 사무침을

아들이 있어
큰 위로가 되었던 아버지는
아들의 넓은 등허리에
엄마의 바다를 잠재우고
이별의 아픔에 울부짖던 새벽을
죽어도 잊을 수가 없어.

# 아들아 · 2

아들아
오는 봄에 꽃 피거든 엄마한테 다녀오자
그동안 잘 지냈는지 궁금하여 왔노라고
눈물이 나더라도 이 악물고 참아보자.

가슴에 하나 가득 서러움이 복받쳐도
태연한 척 아닌 척 천연스레 웃어주고
그동안 차곡차곡 모아놓은 많은 이야기
엄마 치마폭에 풀어놓고 돌아오자,

지나간 일 년이 어제인 듯 그제인 듯
너무도 딱하고 안쓰러운 마음으로
수많은 집중에 우리 집만 불행한 듯
가슴에 맺힌 눈물은 강물처럼 흘렀는데

아들아
오는 봄에 꽃 피거든 엄마한테 다녀오자
우리는 이렇게 잘살고 있노라고
걱정하지 말라고 얘기하고 돌아오자
조그만 항아리 안에서 얼마나 답답할까
아픈 마음 두려워 자주 가보지도 못하고

이제는 혼자서 자는 것도 익숙해져 가는데
아직도 엄마의 빈자리는 벽을 보고 울고 있어~

아버지는 시시때때로 가슴이 내려앉고
애타는 그리움 너무 비대해 다시는 돌아보지 말자고
어리석은 다짐에 수없이 원망만 커진다
무정한 사람 같으니...

아들아
아버지는 말이지
아직도 엄마가 살아 있는 것만 같단다.

# 아들아 · 3

아들아
지난밤 꿈길에서
엄마가 걸어놓은 달을 보았다

잿빛 하늘에 희미한 달이
그나마도 구름에 가려
초췌한 그림자 하나뿐인데

바람은 하늘에서 불어
달이 기울도록
내 처진 어깨를 토닥이고

지워져 가는
희로애락의 마디마다
찌그러진 저승꽃이 서럽다

아들아
헤아릴 수 없게
많은 그리움이
메마른 꿈인 양 부서져 내린다

외로운 시간의 허전함은
삶의 무게를 내려놓지 못해
뼈에 부딪혀 오는 차가운 가슴인데

앨범을 펼치면
그 속에서 수군거리는
엄마의 소리가 들려

아들아
오늘 밤 꿈길에서는
엄마를 만났으면 좋겠다.

# 딸 · 1

현정아 미안해
시집도 못 보내고 엄마가 먼저 가서...
주먹만 한 무엇인가 목구멍을 치밀어 올라왔다
철없는 딸자식 눈에 밟혀 어찌 갈까
눈앞이 깜깜하여 아무것도 보이지 않더니
뜨거운 눈물이 볼을 타고
폭포수처럼 흘러내린다

아빠하고 살아라
이제 아빠는 네가 챙기고 아빠한테 잘해...

응. 엄마 알았어
아무 걱정하지 말고 잘가
잘가 엄마
엄마 사랑해

호흡은 거칠어지고 가슴은 메어지고
헐떡이는 가슴으로 눈물 콧물이 강을 이루고
목까지 차오른 서러움에 숨이 멎을 것 같다
언제나 손톱 밑에 가시 같아 마음이 아리고
마음 편할 날 없이 항상 걱정하던 딸인데

그걸 두고 어찌 먼저 갈까
딸을 바라보던 눈빛이 너무 애절해
한참을 남모르게 어금니만 깨물고 있었다

딸의 뒷모습에서 엄마의 그림자를 본다
닮은 것이 없다 하면서도 무척이나 닮아있는
눈빛이며 입가며...
땅에 떨어져 있는 그림자까지도...

# 딸 · 2

창 밖이 어두운 걸 보니
눈이 오려나 보다
무슨 바람이 불었는지
딸이 밥을 산다기에
스테이크 하우스에 마주 앉았다
언제 이런 일이 있었나
아마도 단둘이는 처음인 것 같다
그 비싸다는
등 갈비 스테이크를 앞에 놓고
끝내 어금니를 악물어야 했다
갑자기 등줄기로 소름이 돋더니
가슴이 짠하게 아파져 오고
콧등이 찡해 지는데
그 사람 생각이 났다
혼자 독차지한 효도가 미안하고
이 자리에 함께였더라면 하는 아쉬움과
딸의 모습에 어른거리는 그 사람이 보여
고기와 가쁜 숨을 섞어 넘기고
아빠를 위로하려는 어린 딸의 마음이 대견해
목으로 삭이는 눈물과 빵을 함께 넘기고...

한참을
포크와 물잔만 만지작거리며
테이블만 내려다보고 있었다
거기엔 발등으로 떨어지는 당신의 기억들이
눈물처럼 서럽게 울고 있었다
눈이 올 줄 알았는데 비가 내린다
내 마음도 눈이었음 했는데
아직도 비만 내리고 있다.

# 탈 상

석 달 열흘을 쉼 없이
당신 생각으로 허덕이다
가뭄으로 말라 터진 논바닥 같은
황량한 가슴 하나 남았는데

눈물의 달이 채 기울기도 전
이별의 상처가 채 아물기도 전
당신을 벗어야 한다기에
상복을 벗고

당신을 보내야 한다기에
제사를 지내는
당신을 향한 마지막 절차를
눈물로 바치는 마음입니다

흙 구름이 지나다 슬픔 한 점 내려놓고
깨어진 조각달이 하늘에서 우는데
당신 그리는 마음 그림자
말로는 형용할 수 없는 아픔입니다

심장의 뜨거운 피 거꾸로 흘러
촉수마다 배어 있는 서러움들을
모두 다 쓸어안고 불 속에 뛰어든대도
이만큼의 아픔은 아닐 겁니다

사랑한 만큼 시간이 걸려야 잊혀진대도
사랑의 크기만큼 아파야 지워진대도
나 사는 동안 당신으로 인해 아파야 한대도
추호의 후회도 않을 겁니다

당신 만나 사랑하고 행복했으니
나는 그것으로 되었습니다
당신 고생시키고 힘겨운 삶 살게 한 게
사무치는 미안함으로 남아있을 뿐입니다.

## 제 사

화살처럼 빠른 시간입니다
강물처럼 흘러가는 세월입니다

덧없는 세월처럼
기억도 덧없는 줄 알았는데
당신 향해 달려가는 그리움은
내 안에 커다란 구멍을 만들어
끝없이 솟아나는 아픔으로
눈물만 토해내고 있습니다

그리움을 앓다가 저무는 하늘가
태양의 차가운 그림자 뒤로
세상의 모든 빛이 시들어 가도록
목메인 서러움 참을 길 없어
당신 없는 허망한 빈자리에는
가엾은 내 슬픔을 앉혀두고

나는 또 다시
한 자락의 그리움을 풀어내어
심장에 각인된 당신의 기억들을
아프게~ 아프게~

오시는 길 헤멜까
쌍 촛대에 촛불 켜고
당신 위해 준비해 놓은 어설픈 제사상
배신당한 간절함에 목메어 울어대는
속절없는 그리움조차 꿈일지 모릅니다

그저 지나가는 바람처럼
허름하게 작은 흔적만 남기고
약속 없이 떠나가는 이야기는
하늘이 갈라놓은 인연에 울부짖는
우리의 슬픈 사랑입니다

새벽까지 울다 지친 그리움은
당신만을 찾아 온밤을 헤메는
내 영혼의 마지막 몸부림입니다.

# 출근길 버스에서

잠이 덜 깬 눈에 눈물이 맺히더니
발밑으로 흥건히 고인다
가능한 한 더 깊이 모자를 눌러썼다
새벽을 여는 버스 안에는
사람은 별로 없는데
힐끔거리는 기사가 눈치 보여
고개까지 숙였다
사람은 가고 없는데
무엇을 잘 먹고 잘 살자고
이렇게 새벽부터 극성인가
새벽달이 울고 있다
머리에서 가슴에서 엉덩이에서
온몸으로 쉽게 울어대고 있다
옆에 있는 별들도 따라 울더니
나무도 바람도 덩달아 울어댄다
얼마만큼의 시간이 더 지나야
이 눈물이 끝이 날까
얼마의 눈물을 더 흘려야
그 바닥을 볼 수 있을까
거칠게 브레이크를 밟더니
휘발유 타는 냄새가 난다

안내 방송하는 여자는 켁켁 거리고
벨은 눌러지질 않는다
또 눈물이 흐른다
오늘도
안개 낀 새벽 하늘엔
한참을 울다 지친 나그네 별이
빛을 잃어가고 있었다.

## 사랑아

사랑아
가버린 사랑아
다시 못 올 사랑아
상처뿐인 사랑아

그렇게
사랑한 세월이
융단처럼 부드럽더니

그렇게
이별한 시간이
사랑니처럼 아프더니

사랑은 희미해지고
추억은 시들어 가고
기억은 차차 말라가는데

시간을 멈추고
바람을 재우고
하늘을 등지고
내 안에 나를 죽이고

마음에 담아 놓은 그대여
심장에 각인된 그대여
가슴에 묻어 버린 그대여

이제 당신은
가여운 눈물
목메인 그리움

다시는 만날 수 없는
내 하나의
간절한 사랑.

# 아내의 의자

청계산 너머로 노을이 물들면
한참을 넋 놓고 앉아 바라보다가
눈가에 맺히는 이슬을 찍어내곤 했는데

앞산에 진달래가 아름답게 피어나면
당신은 여기 앉아서
하얗게 웃으며 날 부르곤 했는데

비 오는 날에는 분위기에 취해
따뜻한 차 한 잔 앞에 놓고 앉아
어린 시절을 회상하곤 했는데

새로 나온 유행가 배우느라
노래를 크게 틀어놓고 앉아
흥얼거리며 따라 부르곤 했는데

함박눈이 펑펑 내리는 날에는
창밖의 풍경이 너무나 아름다워
여기 앉아 끝없이 내다보곤 했는데
이제 당신은 없고
덩그러니 당신의 의자 하나만 남았네
당신의 그림자만 어른거리는
빈 의자 하나만.

# 빈 자리

그대를 보내고
돌아온 빈자리에
눈물이 되어 고인 사랑

마음 한구석
휑하니 바람 지나고
절여오는 가슴 어쩔 줄 몰라

그대 없는 허전함에
마음 둘 곳 없어 서성이다
내려놓는 슬픔

어찌할까
시간을 헤아려 봐도
아무런 희망도 보이질 않아

그대의 빈자리
그리움으로 채워도
허무한 인생만 서러워.

# 보고 싶어

보고 싶어
못 견디게 보고 싶어
생각만 해도 눈물이 나

너만 생각하면
가슴이 떨려
부스러질 것 같은 영혼을
추스를 길 없어

굳어버린 혈관을
촉수마다 배어 있는
그리움으로 열어놓고

널 향해
심장으로 길을 내어
사랑 안에 가두고 싶어

너만 생각하면
가슴이 아파
보고 싶어 눈물이 나

내 안으로 들어온
절박한 그리움에
자꾸만 눈물이 나

정말이지
너무너무 보고 싶어
미치겠어.

# 바람이 불면

바람이찹니다
겉옷을 덧입어야 하니
사랑이든 미움이든
하나는 내려놓으시지요

추우면 안 됩니다
오뉴월에도 가슴이 시렸는데
날씨까지 추우면
날 더러는 어찌하라고요

낙엽이집니다
덧없는 것이 세월이요 인생인데
움켜쥔 모래알처럼 손가락 사이로
시간이 빠져나갑니다

추억이 잠듭니다
오랜 세월 시루떡처럼
겹겹이 쌓인 우리의 역사가
미련도 없이 서서히 잠들어가고 있습니다

사랑이 떠나갑니다
죽음이 갈라놓아 어쩔 수 없는 사랑 하나가
가슴속 깊은 상처로 날 울려놓고
허락도 없이 떠나갑니다

다시 올 수 없는 사랑이...
돌이킬 수 없는 운명이...
미쳐버린 가을 쪽빛 하늘에서
목이 메어 웁니다.

# 눈물로 마시는 술

눈물처럼 뚝뚝
비 내리는 밤이면
당신의 그림자를 밟고 넘어진
사무치는 이 가슴을 달래 보려고
밤이 새도록 술을 마셨습니다
홀로 마시는 술이
얼마나 쓰디쓴 아픔이었으면
끝나버린 사랑에 휘청거리는 하늘은
죽음보다 아픈 상처에 울어도
세상을 버린 당신은
내 슬픔을 알리 없는데
넘어져 버린 내 인생은
새벽이 와도 일어날 줄 모르고
밤을 밝혀 아침을 부르는
당신 향한 그리움에
하염없이 젖어드는 가슴으로
몸부림쳐 울부짖지만
내가 마셔 대는 건
술보다 독한 눈물이었다는 것과
내가 취해 쓰러진 건
눈물보다 더 독한
그리움이었다는 것을
당신은 결코 알리 없는데...

# 마음에 빗장을 걸고

같은 아픔 또 있을까 두려워
스스로 자기 안에 가두고
내 안에 누구도 들일 수 없는 것은
아직도 당신의 흔적이 남아있기 때문입니다

오래전에 얼어붙은 마음이
아직도 녹지 않고 그대로인 것은
어느 순간 자신도 모르게
마음에 빗장을 걸어놓은 까닭입니다

내게로 오는 인연들을 모두 밀쳐내고
아무도 들여놓을 수 없는 것은
다른 사람이 들어올까 겁이나
마음을 굳게 닫아버린 까닭입니다

세월을 많이 보내고서도
그대가 마음에서 놓아지지 않는 것은
우리가 쌓아놓은 많은 추억이
가슴에서 쉴 새 없이 울고 있기 때문입니다

스스로 포기가 안 되는 내 마음을
이제는 그만 주저앉히고 가고 싶은데
이렇게도 열기가 힘겨운 것은
아직도 당신으로 인해 마취된 마음에서
깨어나지 못하고 있기 때문입니다.

# 홀아비 연가 · 1

풀~풀
먼지 나는 방구석
외로움이 또아리 틀고 앉아
시간을 세고 있다

홀아비
꼬질꼬질한 냄새 자욱한
집안 곳곳에 숨어 있는 외로움이
쉼 없는 세월만 헤아리고 있다

아무도 찾아 줄 리 없는 기다림
지키지 못할 약속이
어둠 짙은 고독으로 일어서고
우울한 바람은 헛된 그리움만 쫓는데

혼자의 세월
꾸부정한 홀아비 등허리에는
석 달 삭힌 외로움이
그림자처럼 들러붙어 있다.

# 홀아비 연가 · 2

잠깐의 가슴앓이에도
폐를 울리는 기침이 오고
순간의 외로움에도
머리가 깨어지는 두통이 남아

무거운 모가지로 깨어난 아침
마른 눈을 비비며
눈곱처럼 들러붙어 있는 외로움을
떼어 내다 지쳐 허기진 가슴

무거운 혀를 굴려
대충 넘기는 식사를
물 말아 삼켜 버린 고독의 무게로
질식하는 심장에 쌓이는 고뇌여

어둠을 누르고
밝으므로 향하는 간절함에
수없는 노력을 되풀이해도
그만큼의 절망이 못이 되어 박히는
불쌍한 홀아비 가슴이어.

# 어머니

어머니
내 어머니

속아서 시집와 한평생
대책 없는 남편 뒷바라지에
행주치마에 눈물 마를 날 없이
검게 타버린 속 감싸 안고 사셨지요

팔자에 없는 자식 입양하여
무슨 영화를 보겠다고
정성을 다하여 물고 빨고
삼십여 년을 주시다만 가셨나요

어이구
내 새끼
배 많이 고프겠다
아랫목에 묻어 두었던 밥 꺼내
상 차리시고

김치 찢어 수저 위에 올려 주시고
생선가시 발라 밥 위에 얹어 주시던

어머니
우리 어머니

당신 무덤가에 파란 잔디가 피어
서럽게 지고 또 지고
십여 년의 세월이 흘렀는데
어머니는 내 안에 생생히 살아계셔

중년의 아들 정수리에 내리시고
행여 외로울까? 꿈자리 다듬으시는
내 어머니
도시락 속의 기억을 들고 당신을 부릅니다

어머니
내 어머니...

# 아버지

그늘진 어깨에 걸터앉은
몇 줌의 슬픔을 털어내고
사랑도 미움도
모두 다 비우고 가셨나요

얼마만큼의 전생에 인연들이
우리를 부자의 인연으로 묶어 놓았는지
서로 굴레에 주고받은 상처들은
아직도 가슴에 고름으로 남아

비틀거리던 시간이 서글퍼
도시의 그늘로만 숨어 다니던
정제되지 않는 애증까지도
이제는 아무런 의미가 없네요

어머니 묘지 위에 바람이 불면
두견이 우는 밤 우물가에서
눈물에 익은 달빛 퍼 올리시던
어머니의 시린 손가락이
한해살이 들풀로 일어서는데

바람 부는 화장터 뒷마당에는
아버지가 추억으로 떠나시고
굴레에서 풀려난 나는
지독한 허무함에 떨고 있어

꽃눈 흩날리는
벚나무 그늘에 주저앉아
회한의 눈물로 오줌 지리며
영원히 당신을 보내려 합니다.

# 인 생

해 질 녘
곱게 물든 단풍잎 사이
비집고 들어서는 햇살에
부서지는 바람

그리움인가
유수 같은 세월에
습관처럼 흐르는 눈물이
계절을 적시고

어제인 듯
그대 떠난 하늘가
외로움에 지친 구름
석양에 물들어도

멈추지 않는 시간
잡을 길 없어
공허한 눈동자
허공에 흩어지면

하늘빛이 슬픈
우리네 인생도
무심한 세월에 실려
늙어 가겠지.

# 술

한 잔의 술을 마시고
잃어버린 이야기를 찾아
세월의 강을 건너고

또 한잔을 마시고
눌러 놓았던 그리움을 꺼내
쌓인 먼지를 털어낸다

책갈피에 숨겨 놓았던
유년의 친구를
뒷동산에 묻어 두었던
청년의 기다림을
술잔에 담아 망각을 재생한다

어느새 이만큼 와 버린 나이
곁을 헤아릴 수 없게
바삐 살다가 이마에 패인 세월

한 잔의 술에
삶의 무게를 타서 마시고
한 잔의 술에
세월의 깊이를 헹구어 낸다
그리고
술 한 잔에
덧없는 인생을 내려놓는다.

## 3부.

# 고장 난 신호등

운명을 막아선
신호등 빨간 불빛에
돌아볼 겨를도 없이
무너져 버린 가슴을
차마 비우지 못해

아스팔트 위에 엎어진
주체할 수 없는 외로움
언제 바뀔지 모를
파랗게 질려 있는 기다림에
숨을 멈추어 봐도.

**고장 난 신호등 중에서...**

# 거울 속에 남자 · 1

길섶에 외로이
축복받지 못하고 피어난
이름 없는 꽃이리라

원치 않는 삶을 시작하여
무엇도 선택하지 못할
피동적인 삶이리라

두 개의 이름으로
두 개의 삶으로
짊어진 삶의 무게에
청춘은 팔자에 눌려 익사하고

먼지 나는 길섶에
뒤집어쓴 먼지의 두께만큼이나
번뇌의 골이 깊어도
털어낼 용기가 없어 서러움만
되새김하며 살아온 운명이라

선택이 아닌 묵시
바라볼 수밖에 없는 체념

그 안에서 질식해가는 세월
버림받는데 길들여 진
소리 없는 언어

신에게 버림받은
어떤 것에도 의미를 잃은
누구에게도 구할 게 없는
포기한 인생인데

이미 하늘은 퇴색하였고
변질한 시간은
삶의 뒤편에서 썩어가도
어쩔 수 없이 여기에 있는 나는
이렇게 사는 수밖에는
달리 도리가 없는데...

# 거울 속에 남자 · 2

사랑이
이별이
슬픔이
햇살 하나 들여다보지 않는
내 어두운 창가에
겹겹이 매달려 있다

세상의 모든 빛이
외로움으로 죽어 가는
깜깜한 어둠 속에서
푸석푸석 비듬처럼
떨어져 내리는 메마른 피부로
오염된 공기를 호흡하는 남자

바닥에 떨어진
애증의 입자들을
공허한 시선으로 내려다보는
반쯤 넋이 나간
남자의 무르팍 위에선
고독이 지워버린 빛이 죽어 가고

입속으로 웅얼거리는
뜻 모를 이야기가
어두운 방안을
쉼 없이 굴러다녀도
삶의 의미를 잃어버린 남자는
끝내 눈물을 보이지 않는다.

# 거울 속에 남자 · 3

벌거벗은 남자의 몸이
거울 속에서 출렁거리면
미처 토해내지 못한
해묵은 입자들이 폐수처럼 고여
분출의 욕구를 자극하곤 한다

스스로 잠 재워야 하는
성감대의 흐느낌 속에서
불타오르는 욕정을
변태의 술잔에 타서 마셔도
밤은 길고 잠은 오지 않는데

혼자 산 세월만큼
외로움 많던 시간이 바늘 박힌
신발을 신고 사지를 뛰어다녀도
가늠하기 어려운 고독의 무게는
영원히 풀리지 않는 매듭이다

시들어 가는 남자의 아랫도리에
말할 수 없이 참담한 독신의 절규를
세상의 편견에서 감싸 안았다 한들
거울 앞에 벌거벗은 남자에겐
무슨 의미가 있단 말인가.

## 거울 속에 남자 · 4

몇 끼의 식사를 건너뛰고
허기진 내장의 아우성에
침이 말라가는 밤

임자 잃은 이야기들이
허공을 떠돌며
국적 없는 언어를 중얼거리고

술 취한 목소리들이
저주받은 운명을 건배하며
흥청거리다 거리에 누웠다

한 서린 그리움으로
허기진 가슴 내려놓고
밤새워 취해가는 남자는

피눈물로 잔을 채우고
슬픈 유행가를 읊조리며
돌아 올리 없는 임을 부르다

취해 쓰러진
멍든 가슴 부여안고
잊으려 몸부림쳐 보지만

지워지지 않는 기억
가슴으로 털어내던 인고의 시간은
남자의 술잔 속에서
동이 트도록 밤안개에 젖고 있었다.

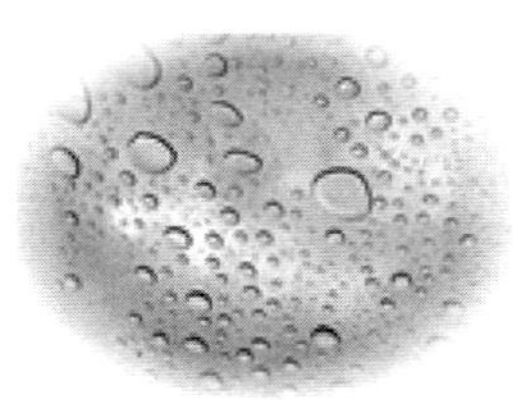

# 거울 속에 남자 · 5

잡념에 억눌려 지새는 밤
가슴을 쓸어내리는 듯
끝없이 심장을 조여드는 아픔이
사지를 억누른다

잠 못 이루는 밤
검게 그을린 하늘 가득
슬픔이 떠다니는 허공을 잡고
남자는 울고 있다

뒤숭숭한 꿈자리
미친 듯 심장을 찔러 대는
대꼬챙이 바늘
마디마디 내장을 헤집어
흘러내리는 눈물

홀로 지새는 밤
운명의 굴레에 희롱당해
허물어지는 육신
시들어 가는 영혼
돌이킬 수 없게 여기까지 와 버린
잠 못 들고 뒤척이는
거울 속에 남자.

## 거울 속에 남자 · 6

김 서린 거울 속에 남자
뿌옇게 보이는 얼굴 너머
살아온 날들의 고뇌가
물기에 씻겨 번져 가고

나이테 같은 잔주름도
삶의 굴곡만큼의 잡티들도
희미한 얼굴 그림자 뒤에
세월을 지우고 숨어버렸다

쏟아져 내리는 물줄기에
남자의 나신을 허락하면
세포마다 깁숙이 배어 있는
삶의 찌꺼기들이 요동치고

사타구니로 모여드는 정자들은
출생의 비밀을 알고 있는지
빈방에 두고 나온 번뇌만이
남자의 가슴에 못이 되어 박힌다

스카프처럼 휘감고 살아온
위선의 껍데기들을 벗겨 내면
남자의 마지막 자존심은
여자의 거리에서 무너져 내리고

어느 친절한 여인의 젖가슴에
한순간 영혼을 팔아야 한다 해도
희미한 거울 속에 고독한 남자는
말없이 바지 허리를 내릴 뿐이다.

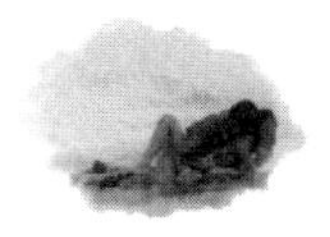

# 거울 속에 남자 · 7

잠시 스치는 바람에도 가슴이 내려앉고
휑한 눈망울 허공에 머물면
고단한 입술에 독한 술을 부어대도
그만큼의 외로움이 안개처럼 밀려들고
숨어드는 그리움을 밀어내다 지쳐
삶을 계산할 엄두를 잃고
창문엔 커다란 고독만이 옷을 벗는데
하늘이 내려준 사랑에 감사하다
하늘이 내려준 심판에 질식해 버린
돌아갈 수 없는 다리엔
미움을 삼킬 기력조차 시들었고
사그라지는 심장으로 길을 찾아보지만
남자의 시간은 거기서 멈추고 말았다
이제는 그 누구도
사랑할 이유를 상실한 가슴만
해가 저물도록 노을처럼 타들어가도
아직도 남자의 허름한 창문엔
서글픈 외로움만 기웃거리고 있다.

# 거울 속에 남자 · 8

사랑에 취해
두려울 게 없어진 시간이
첫날밤의 쾌락을 쫓아
처녀막을 허물어뜨리던 날

욕정의 나락에 뒹굴다
장미 가시에 찔려
붉은 선혈을 토해내던 계절이
아스팔트 위에 누웠다

적당한 애무와 오럴로
햇빛 잡아당겨 싹 틔우면 될 것을
제어되지 않는 갈망으로
부적절한 삽입을 하고 나서야

묵직하게 엄습해오는 어둠을
뜨거운 가슴에 터져나는 열정으로
시간을 거슬러 운명의 고리를 걸고
하복부에 힘을 다해 눈을 감으면

오르가슴에 빠져 신음하다
정자의 흐느낌에 질려버린
거울 속에서만 발정하는 남자의
허기진 아랫도리에 가득 고인 정열을

활화산같이 뿜어 낸
회심의 배출구를 찾고 나서야
허무하게 늘어지는 육신을 추스르는
가여운 거울 속에 남자.

# 고장 난 신호등

운명을 막아선
신호등 빨간 불빛에
돌아볼 겨를도 없이
무너져 버린 가슴을
차마 비우지 못해

아스팔트 위에 엎어진
주체할 수 없는 외로움
언제 바뀔지 모를
파랗게 질려 있는 기다림에
숨을 멈추어 봐도

오도 가도 못하고
정지선에 발 묶여버린
서러움에 노란 그리움은
세월이 마르도록
당신만을 향하는데

고장 난 신호등
빛바랜 중앙선에
시선을 접어 마음에 두어도
돌아갈 수 없는 건널목엔
흩어지는 바람 소리뿐.

# 바람소리 · 1

넌
그곳에 있었다
미루나무 늘어 선 신작로
흙먼지 뒤집어 쓴 추억들이
가난을 이고 서성이는 곳

사랑을 잃어버린 거리에서
그리움 삼키며
임자 없는 이야기들이
그림자로 누워있는 곳
넌 그곳에 있었다

산비탈
잡초 무성한 묘지 위
지워져 버린 비석의 이름표에
복받치는 서러움 쌓이는 곳

흔적 없이 왔다
흔적 없이 사라지는
천년의 굴레를 짊어지고
인연을 따라나선 산 모퉁이

넌 그곳에 있었다
사랑했던 시간
조각처럼 새겨
하얀 벽에 걸어 놓고
흐르는 눈물 막아서며
저미는 가슴으로 노래하던 곳

구름과
나무를 벗 삼아
나를 닮은 외로움
회오리 놀음으로 달래며
넌 그곳에서
어설픈 휘파람만 불고 있었다.

# 바람소리 · 2

넌 그곳에 있었다
자작나무 숲 속
햇빛도 들지 않는 후미진 자리
더러운 팔자가 더덕더덕
온몸에 이끼처럼 들러붙어 있는 곳

순결을 잃어버린 거리에서
술에 취한 듯 비틀거리는 육신으로
꺾어진 가지에 시간을 흘려보내며
운명을 저주하는 곳
넌 그곳에 있었다

사랑이 머물던 자리
아득히 밀려오는 그리움을
참을 길 없어 울먹이다가
외로움의 어둠에 묻혀
그 외로움조차 상실한 자리

넌 그곳에 있었다
눈물겹게 저무는 노을이기 싫어
세월의 흔적을 거부하고

나이를 망각 위에 올려놓은 곳
넌 그곳에 있었다

고독을 잉태한
어둠 먹고 성장한 질긴 생명을
아직은 포기할 용기가 없어
구차한 생명을 연장하는 곳
그 우울한 공기를 마시며
넌 그곳에 있었다.

## 바람소리 · 3

넌 거기에 있었다
이름 없는 들꽃 한 송이에도
살가운 가슴 저미어 오는
꿈을 먹고 뛰어놀던 유년의 꽃밭에서
넓은 세상을 향해 까치발을 들던 곳

방앗간 양철 지붕에
핏발이 성성이 쏟아져 내리던 소나기
뼛속까지 스며드는 냉기로 움츠리고
밭에 나간 엄마를 기다리던 곳
넌 거기에 있었다

단풍잎 곱게 물든 호숫가
이름 모를 시인의 시를 읊조리며
미지의 소녀에게
부치지 못할 엽서를 쓰던 어수룩한 소년의
울렁이는 가슴이 나래를 펄치던 곳

함박눈 쏟아져 내리던 동네 어귀
동무들과 언 손 비벼가며 눈싸움하던 곳
꽁꽁 얼어붙은 논바닥에서

엄마가 부를 때까지 썰매를 타던 곳
넌 거기에 있었다

다시는 돌아갈 수 없는 곳
지금은 엄마도 없고 친구도 없는
아련한 추억의 책갈피 속 어디 쯤
앨범을 펼치고 우두커니
넌 거기에 있었다.

# 생 모 · 1

네가 선호니
부들부들 떨리는 손
세월로 눌러 놓았던 설움이
말문을 막아

복받쳐 오르는 눈물
발등을 흥건히 적시고
아교처럼 굳어버린 슬픔이
사지를 묶어 놓아
초점 잃은 눈만 끔벅이고

무슨 말을 할까
어디에다 물음표를 찍어야 하나
혼이 빠져나간 모가지로는
아무런 말도 나오지 않아

엄마란 이름을 가진
생소한 여인을 바라보다
이내 깨무는 입술
한없이 가라앉는 세포

원망과 연민이 뒤섞여
생각의 주리를 틀고 되뇌어도
따질 수도 감사할 수도 없는 운명을
그저 바라볼 수밖에 없는
처음 만난 모자의 슬픈 이야기.

# 생모 · 2

오 남매
나누어 먹이시다
말라버린 젖가슴

먼지 나도록 털어 낸 세월로
사랑을 다하여 키운 자식들에게
푸대접받는 늙음이 서러워
한 줌밖에 남지 않은 눈빛에는
공허한 바람이 일고

버림받은 육신을 어찌할 줄 몰라
잃어버린 또 하나의 자식에게
민망한 어깨를 빌려
근심을 내려놓아 봐도

세월로도 풀지 못한 굴레
시린 가슴이 되어 응어리로 남고
백발로 내려진 번뇌
돌이킬 수 없는 후회만 남아
애증으로 흐르는 엄마의 강엔
슬픈 시간이 떠내려가고 있다.

# 형제

한 번도
내 것이 아니었듯이
여전히 내 것일 수 없음을

물보다 진한
피로 흐르는 연민을
어리석은 기대로
잡아 보려 한들

내가 아무것도 줄 수 없듯이
그들 또한 그러한 것을
욕심을 물리치고
잠시 기대고 싶을 언덕일 뿐인데

측정하기 힘든 마음처럼
서로의 거리가 너무 멀어
때때로 닥쳐오는 서운함을
어찌할 줄 몰라

혼자 자라 온
세월의 크기만큼의 이기심일까
버려지지 않는 아쉬움만
형제라는 흔적처럼 그림자로 남는데.

# 후 회

그대 있을 때
사랑한다 말할 걸

그대 떠난 후
사랑했다는 말조차
임자 잃고 헤매는
메아리가 될 줄 몰랐어

그대 있을 때
사랑한다 말할 걸

그대 없는 지금
그리움이란 말 밖에
할 수 없다는 것을
사무치므로 느꼈어

있을 때 말할 걸
있을 때 말할 걸

그대 없는 빈자리에는
미안한 마음 하나 앉혀두고
이렇게 후회할 줄
정말이지 몰랐어.

# 서러운 이별

돌아서는
그대의 뒷모습에는
서러움이 흘러
어두운 그림자가 피어나고

보내야 하는
내 가슴에서는
슬픔이 흘러
눈물이 안개처럼 피었나니

사랑하기에 헤어진다는
어리석은 다짐을
위선의 입술로
수없이 되뇌이다

사랑이 부족했기에
헤어질 수밖에 없음을
순결한 입술로
맹세의 술잔에 타서 마셔도

결국엔
돌아보지 않는 그대도
잡지 못한 나도
똑같은 죄인이란 걸.

# 울지 말아요

운명이 갈라놓은 인연에
시린 가슴으로 밤을 태워도
그대 괴로워하지 말아요

어찌할 수 없는 운명에
바람에 떨어진 꽃잎처럼
그대 슬퍼하지 말아요

하늘이 주신 가혹한 이별에
비에 젖어 널브러진 낙엽처럼
그대 아파하지 말아요

이미 끝나버린 사랑에
헛된 미련으로 목이 메어도
그대 서러워하지 말아요

슬픔도 미련도 부질없는 것
그대 울지 말아요
당신이 울면
내 가슴엔 비가 내려요
눈물 같은 당신의 비가.

# 바람이었나

스치는 바람처럼
잠시 머물다
소리 없이 사라져간
당신은 바람이었나

달빛 떨어지는
보름밤이 서러워
임의 머릿결에
그리움 씌워놓고

밤이 기울도록
서럽게 울어대는
풀벌레 우는소리에
눈물 한 방울 내려놓고

기약 없이 멀어져간
당신의 기억들로
하염없이 무너져 내리는
외로운 가슴인데

세월이 지치도록
끝없이 기다리는 당신은
기억 저편에 스쳐 지나는
한낮 바람이었나.

# 내 어두운 눈으로

희미한 눈으로
하늘에 걸터앉은 구름을 보았다
거기에 바다가 있고
바다를 닮아 출렁거리는 들녘이 있고
초록에 지쳐 멀미나는 산이
오색의 단풍잎을 토해내고 있다

보이는 저 산 너머에
더 큰 산의 그림자가 있다는 것을
세월이 시들어 버린 후에야 알았는데
비틀거리는 시선으로 보이는 세상이
보이지 않는 세상보다 작다는 것을
시간이 부패한 뒤에야 알았는데

내 눈 나쁜 것이
네 눈 좋은 것이
공평하지 않아 숨이 달아오르고
어두운 눈으로밖에 볼 수 없는 세상이
이룰 수 없는 꿈들로 아프게 녹아내리면
때로는 안경 밖의 세상이 궁금하여 울기도 했다

초점은 버둥거리고
시선은 길을 잃고 헤맨다
눈 아래 눈을 찾고
눈 위에 눈을 찾고
안개 같은 세상이, 어둠 같은 세상이
눈썹 밑에 길을 막고 빛으로 서라 한다

부족한 내 눈의 몫은 절반을 눈치로 채우고
더러운 곳 못 보는 이로움도 있음에
순수한 영혼으로 세상을 보라 한다
이만큼이라도 볼 수 있는 고마움을
어둠과 빛과 화합되는 감사함을
내 어두운 눈으로 보고 느끼라 한다.

# 4부.

## 어느 시인의 노래

돌아누운 가을 햇살에
휘청거리던 하루가
시간을 내려놓으려 할 때
벌레 먹은 어둠이 내려와
달콤한 위선의 옷을 입은
시인의 가슴을 헤집어 놓았다.

타락한 언어로
대중을 겁탈하고
정제되지 않은 문장으로
독자를 희롱하는
무기력한 시인의 가슴은
독주를 마신 영혼처럼 흔들리는데

**어느 시인의 노래 중에서...**

# 산사의 아침

밤새도록 쌓아 올린 비구니의 기도가
촛불처럼 타오르는 법당 앞 양지 녘에
넋 놓고 앉아 있는 동자승 뒤통수엔
속세의 그리움이 몸살을 앓고 있다.
선택되었나?
아니면 버림받았나?
괜한 궁금증은 벌써 산허리를 돌았는데
샛바람에 울어대는 풍경 소리는
아이의 설움인 양 처마끝에 애처롭다.
오늘도 잡일로 지쳐가는 행자승 마고자는
아직도 남아있는 세상의 찌꺼기로
축축이 젖어 있고
부처님 앞으로 모이는 중생들은
저마다 어리석음에 자비를 구하는데
뜻 모를 염불 소리에는 가슴만 섧다
하늘이 묶어놓은 매듭을
인간이 어찌 풀 수 있겠느냐마는
부질없는 욕심은 사리탑 꼭대기에 앉아있고
오만가지 미련은 대웅전 주춧돌처럼 여전한데
버렸다 하면서도 하나도 버리지 못한 나는
시주조차 못했으니 오늘도 빈손이다.

# 잿빛 그리움

구불구불한 길을 돌아서
언제 어디선가 본 듯한 그리움 하나 있어
그 앞에서 한참을 서성이다가
겨우 한마디 건넸다
당신...
숨기지 못한 그리움은
그저 허탈한 그늘진 가슴이고
애달프다 그만 잠들고만 목마름이고
거친 파도의 숨 가쁨이다
한나절을 꼬박
누군가를 기다리다 지친 정류장에서
아무도 알 리 없는 그리움을
보따리 보따리 쌓아 놓고서
오고 가는 그림자를 바라보고 있는데
시간은 저만치서 시들어가고
추억은 알 수 없는 바이러스에 병들고
당신은 내 가슴에 영원히 잠들었다
셀 수 없이 많은 그리움들은
우울한 겨드랑이 사이로 숨어들고
가슴에 남은 시린 상처는
목젖까지 차오르는 서러움이다
잊다가
잊다가
마저 못 잊고
영혼으로 토해내는 그리움이다.

# 어느 시인의 노래

돌아누운 가을 햇살에
휘청거리던 하루가
시간을 내려놓으려 할 때
벌레 먹은 어둠이 내려와
달콤한 위선의 옷을 입은
시인의 가슴을 헤집어 놓았다.

타락한 언어로
대중을 겁탈하고
정제되지 않은 문장으로
독자를 희롱하는
무기력한 시인의 가슴은
독주를 마신 영혼처럼 흔들리는데

심장을 닫아걸고
내놓지 못한 이야기가 속으로 곪아 가고
길거리에 누워있는 무수한
이야기들이 들풀처럼 일어서도
순결하지 못한 시인의 눈망울엔
검붉은 바람만 스쳐갈 뿐

거부할 수 없는
벌레 먹은 어둠을 뒤집어쓰고
하루를 닫아야 하는
이름 없는 삼류 시인의 가슴엔
달이 기울도록
임자 잃은 이야기만 기웃거리고 있다.

# 만 남

낯선 바람을 등에 지고
석촌 호숫가를 서성이다
비슷한 색깔들을 마주한다.

마음껏 분출하지 못하고
응어리진 가슴과
맑으므로 향하는 영혼을
흔들리는 시선으로 바라보다가

서로에게 흐르는 하늘을
마음 가득 담아 두었으나
다스려지지 않는 수줍음으로는
용솟음치는 욕망을 억제할 수 없어

미라벨리의 조명 아래
나를 내려놓고 앉았는데
위선은 여전히 눈을 감지 않는다.

글 쓰는 이들의 무게감에
질식하는 산소의 입자들이
허파로 통하는 길을 막아서다

내 이름을 차마 부르지 못하고
어색함으로 머뭇거릴 때
까맣게 타들어가던 시인의 가슴은
라이브 가수의 통기타 안에서

우정의 노래가 마를 때까지
술에 취해 흔들거리는
어설픈 시구만 읊조리고 있었다.

# 의형제

단내 나는 입으로
오염된 산소를 호흡하고
살아야 할 이유를 상실하여
정신마저 놓아 버린 날

죽음이 갈라놓은 이별 앞에
서지도 앉지도 못하고
엉거주춤 시들어가던 시간에
내 앞에 서 있는 너를 보았다

눈에는 곰팡이가 슬고
귀에는 주먹만 한 딱지가 앉아
무엇도 의식할 수 없는 영혼이
잠시 쉬어가려 했던 것뿐인데

너의 슬픈 눈망울에 취하여
나는 그 속으로 들어갔고
따뜻한 마음 안에 옷을 벗어
의형제라는 매듭에 묶기였다

이제는 친형제보다
더 사랑하는 우리가 되어

이렇게 서로 의지하고 살아가니
감사한 마음이 하늘에 가득하다

사랑하는 동생아
너의 가정이
너의 직장이
언제나 평화롭길 항상 기도할 것이다

우리 서로에게 기쁨을 나누고
행복을 줄 수 있는 형제로 살아가자
사는 날까지 서로에게
튼실한 언덕이 되어 의지하며

서로를 보듬어 한 곳을 바라보는
영혼으로 교통하는 아름다운 꿈을 꾸며
우리 사는 날까지 그렇게
사랑하며 살자.

# 봄 그리움

햇살 쏟아지는
따스한 봄날에는
바람 한 점에도
임의 냄새 묻어나서

먼발치에
우두커니 세워 놓았던
어리석은 그리움 하나
내 곁으로 옵니다

다시는
돌아보지 말자던
굳은 맹세
얼음 녹듯 사그라지고

새순 돋는 봄을 따라
내 그리움도
나뭇가지에 물오르듯
파랗게 키가 큽니다.

# 금낭화

망울망울 여울진
이슬을 머금고
햇살 잡아당겨 아침을 여는
맑고 투명한 설레임

산사의 연등인 냥
하얗게 매달린
순종의 그리움들이
봄의 끝자락에서 만개할 때

계절이 바뀌어도
당신만을 따르겠노라
고운 분 바르고 웃는
며느리 주머니 하얀 꽃

고운자태 이슬 닮아
영혼의 떨림 가슴으로 열어놓고
온화한 미소 향기로운
다정스런 내 님이여.

# 봉선화

담장 밑
키 작은 그리움 하나
폭염을 거느리고
여름을 밝힌다

한숨을 먹고 자란
손톱 끝
서러운 번뇌
붉으므로 감싸 쥐고

여심을 흔들어
사랑을 기다리는
작은 소망이
하늘 가득
안개처럼 내리는데

담장 밑에는
여전히
키 작은 그리움이
빨간 꽃잎 끝에
여울져 있다.

# 연 화

얕은 물가에
발을 내리고
말갛게 웃음 짓는 그대

어제는 이슬비 내려
소박한 가슴 적시더니

오늘은
실바람 불어와
그리움의 몸살을 앓고

흘러가 버린 슬픈 사연
응어리로 남아
가슴이 저며 와도
세상 어디에도
마음 둘 곳 없는 외로움이
뼛속까지 사무쳐도

가슴에 새긴 정
전설처럼 간직하고
말없이 미소 짓는 연화.

# 봄

십리밖에
얼음 녹는 소리
처자의 옷고름에
실바람 들고

바람 난
버들강아지
뒤뚱거리는
춘삼월에

파릇한
그리움이
언 땅 뚫고
솟아오르면

겨울을 디디고
일어선 봄이
한껏
기지개를 켠다.

# 트랜스 바이러스

남자이기 싫어
화장을 고치는 연습을 하고
가슴을 세워
원죄의 한계에 도전하는
시간이 마디마디 아프다

거추장스러운 물건은
신이 내린 형벌
호르몬으로 통하는 길을 돌려놓고
누운 수술대 위에선
죽음보다 아픈 세월이 울고 있다

평생을 지고 가야 할
끝없는 고통의 무게가
스스로 택한 벼랑 일 지라도
여자이기 때문에
여자로 살고 싶었을 뿐

하루를 살더라도
립스틱 묻은 찻잔을 내려놓고
빨간 매니큐어로 눈물을 닦아내는
여자로 살수 있다면
내일 죽어도 후회하지 않으리.

# 오르가슴

불타는 그대의 입술이
상기된 내 육신의 구석진 곳으로
미끄러지듯 더듬어 지나가면

귓가에 가득한 그대의 숨소리
거침없는 사랑의 열정으로
녹아내리던 육신을 거머쥐고

하늘을 향해 오르려는 영혼의 떨림
서로를 영접한 가슴이 뜨거워
환희의 비명에 목젖이 터져나면

나를 담은 그대의 그릇은
분출하는 성감대의 오르내림으로
흐느끼는 신음 소리 강물을 이루고

끝없이 심장으로 약동하는 목마름을
욕망으로 채워 우주를 끌어안은 듯
인내의 한계에 퇴폐한 입술을 밀어 넣을 때

한순간,
참아내지 못할 격렬함에
용암처럼 분출되어 폭발한 영혼이

하늘 가득 충만함으로 쏟아져 내리고
사랑으로 각인된 불타던 가슴엔
막 내린 무대 같은 허무함만 남았는데.

흥건히 젖은 몸 늘어뜨리고 웃으며
마저 꺼내지 못한 가슴 열고
영원히 잠들지 않는 무덤을 만들었다.

# 호스트 빠

푸석한 여인의 가슴에
검은 비가 내리면
젖무덤 가득히 몽우리져 오르는
불타는 욕정을 참을 길 없어

꽃미남이 전시된
실낙원의 창을 열고
그림같이 생긴 젊음을 희롱한다

치장한 청년이 바지를 내리면
허벅지를 더듬어 올라간
습하고 음침한 골짜기에
뿔 달린 청춘이 용솟음치고

요염한 여인의 향기가
바지 안으로 들어가 허우적거리는
퇴폐한 어둠의 십자가에
회계하지 못하는 은밀한 본능은
말초신경을 자극하는 언어로
테이블 위에 올라앉아 허물을 벗는다

부딪히는 술잔 속에는
허기진 젊음이 사랑을 비켜 지나고
매니큐어에 긁힌 자리는
밤이 기울도록 술잔 속에서 신음하는데

염증이 생기도록 깊어진 상처를
감히 치유할 용기조차 사치인 듯
금지된 장난에 발기되지 않는 하늘은
남자의 사타구니에서 시들어 가고

날카로운 여인의 손끝에 놀아나는
벌거벗은 청년의 허물어진 어깨가
밤새워 웃음을 판 하얀 돈 몇 장으로 일어서도
사랑을 향해 고개 숙인 마지막 순정은
낯선 여인의 술잔 속에서
풀어진 허리띠를 움켜쥐고 있을 뿐이다.

# 잠들지 않는 시간

얼굴을 보이기 싫어
태양을 등에 지고
굴절된 빛의 어두운 틈새로 파고들어

차마 마르지 못한 입술로
철지난 사랑을 이야기하고
그리움을 부추겨 보지만

꺾어진 기억들은
허물어진 가슴에서 헤맬 뿐
시간은 잠들지 못하는데

세월의 그늘 한편에서
발효되지 못하고 시들어가는
오래된 사랑 하나

아직도 추억 속에선
서툰 그리움이 목마름을 부르고
어둠을 먹고 자란 어리석음은
시들 줄 모르는데

이제는
정갈하게 다듬어 놓은 시간을
가슴에 담아

널 향해
가난한 영혼으로 한 걸음
아주 오래된 사랑을
재우려 한다.

내일을 여는 문틈에
너를 끼워 넣어
잠들지 못하고 울먹이는 시간을
내려놓으려 한다.

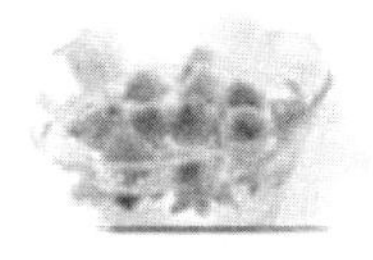

# 무박산행

칼바람 부는 새벽을 뚫고
산을 오르는 산에 미친 사람들이
어둠 속으로 사라지고 있다

산을 사랑하기에
산으로 떠난 사람을 사모하며
땀에 찌든 달빛 머리에 이고 가는 사람들

그 하얀 달빛 속에 정복의 꿈 묻어두고
선배가 지나간 발자국 위에
집념의 땀방울 새기며 어둠을 열어도

뼛속까지 스며드는 냉기
싸늘한 가슴 후벼 파며 지나고
먼데 이름 모를 새우는 소리
침묵의 언어로 언 새벽 밟고 간다

턱밑까지 차오르는 숨 고르며
파닥이는 심장 가득 울렁이는 파고를
나뭇잎 사이로 밀어 넣으며 허덕일 때

끝없는 산악인의 욕심 떠다니는
골 깊은 산 꿈틀거리는 나무들
서둘러 돌아가는 새벽별이 애처롭다

땀과 이슬로 흠뻑 젖은 육신을
좌절의 나락에서 건져 올린 인내로
아침 햇살 맞으며 길게 늘어뜨린 꿈

산을 사랑하기에 고통을 삭이고
산이 준 행복에 지난밤을 뜨겁게 불사른
산에 미친 사람들이 웅성거리고 있다

올라가며 하늘을 보듬고
내려가며 땅을 헤아리는
산에서 왔으니 산으로 가야 하는 사람들
거기에 산이 있었다.

# 서울의 밤

회색빛 도시의 어둠 속에서
갈색 바람이 숨바꼭질을 한다

하나 둘 가로등이 숨을 쉬고
오색 네온불이 춤추기 시작하면
삭막한 빌딩 숲에서는
숱한 사연들이 허물을 벗고
저마다 전설을 만들어가며

만나고 헤어지고
먹고 마시고
저녁에 하루를 열어
아침에 문을 닫는 유흥가에
팔려고 내놓은 웃음들이 줄을 선다

녹슬어 가는 문명의 쇳소리가
끽끽거리며 밤거리를 헤집고 다니고
사방에 널려 있는 감시 카메라가
불륜을 잡아내느라 연실 눈동자를 굴려대도
러브호텔의 많은 창문은
오늘도 여전히 환하게 웃고 있다

상가마다 데커레이션이 요란하고
시끄러운 음악을 경쟁하듯 틀어놓은
왁자지껄 북새통의 거리에서
정신없는 외로움 하나를 만난다

밤이 없는 나라 서울에서
밤을 찾아 나선 나그네는
매캐한 매연과 연무에 질식되어가는
안개 낀 서울의 밤을 헤매고 있었다,

# 넋두리

처음엔
너의 어둠이
얼음뿐인 줄 알았어

옷자락을 스치는 바람에
냉기가 흐르고
철없는 시선에

다듬지 않은 말투로
사랑을 시험하는
겨울뿐인 줄 알았는데

마저 탈피하지 못한
위선의 껍데기를
채 털어내지 못하고
스스로의 굴레에 표류하는
아이 같은 영혼

가슴 깊은 곳 따뜻함을
마저 내 놓지 못하여
되풀이하는 후회

온몸으로 타오르는 열정
머물 곳 찾다
이내 비우는 가슴

아름다운 영혼을 불태우는
순수한 사랑을
아무도 모르는 곳에
고이 묻어 둔

네 어둠의 절반이
따뜻한 봄날인 것을
이제는 알겠어.

# 나비의 꿈

무표정한 얼굴로
침묵으로 동여맨 가슴을 풀고
옷을 벗는 여인의 젖가슴 위에
빨간 나비 한 마리
지독한 외로움에 떨고 있다

초점 잃은 눈동자 안으로 보이는
지나온 시간에 삶의 무게가
상대한 남자의 수만큼이나
버겁게 어깨를 내리누르고

처음 본 남자의 턱수염 아래서
여인의 순정이 허물어져 내리면
임자 없이 나뒹구는 정자들만
뒤집힌 시간 뒤에서 죽어갈 뿐

허덕거리는 숨소리마다
사랑을 외면한 지폐가 뿌려지고
촉수마다 배어 있는 서러움을
가슴 가득 분신처럼 품고 사는데

뱀처럼 징그러운 남자의 손길을
숙명으로 안고 사는 여자의
검게 그을린 가슴 한구석엔
날지 못하여 울먹이는 나비 한 마리
고단한 외로움에 몸살을 앓고 있다.